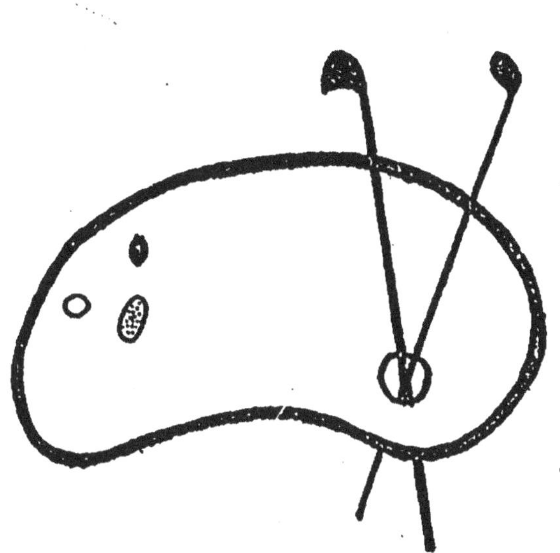

COUVERTURE SUPERIEURE ET INFERIEURE
EN COULEUR

LES DIVISIONS

DANS LES

COMITÉS DE GOUVERNEMENT

A LA VEILLE DU 9 THERMIDOR

D'APRÈS QUELQUES DOCUMENTS INÉDITS

PAR

ALBERT MATHIEZ

Extrait de la *Revue historique*,
Tome CXVIII, année 1915.

(Les tirages à part ne peuvent être mis en vente.)

PARIS

1915

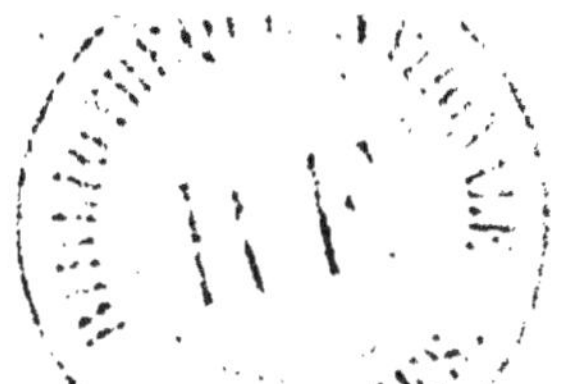

LES DIVISIONS

DANS LES

COMITÉS DE GOUVERNEMENT

A LA VEILLE DU 9 THERMIDOR

D'APRÈS QUELQUES DOCUMENTS INÉDITS

PAR

ALBERT MATHIEZ

Extrait de la *Revue historique*,
Tome CXVIII, année 1915.

(Les tirages à part ne peuvent être mis en vente.)

PARIS

1915

LES

DIVISIONS DANS LES COMITÉS DE GOUVERNEMENT

A LA VEILLE DU 9 THERMIDOR

D'APRÈS QUELQUES DOCUMENTS INÉDITS.

I.

La crise qui se dénoua au 9 thermidor fut causée par des luttes de personnes plus encore que par des conflits de programmes ou de partis. Elle ne paraît si obscure que parce que les acteurs en scène, étant poussés par des inimitiés privées, ne voulaient pas ou ne pouvaient pas tout dire. Les reproches qu'ils s'adressent aux Jacobins ou à la Convention ont quelque chose de voilé et d'inachevé. On les sent pleins de réticences et de sous-entendus. Ils se portent des coups terribles, mais ce sont des coups fourrés. En public, ils jouent un rôle. Ils dissimulent les véritables raisons de leurs désaccords. Ils ne sont pleinement sincères que dans l'ombre des comités. Là ils s'injurient et se menacent, mais injures et menaces ne laissent pas de traces immédiates. Quand ils se décideront à parler clairement, ce sera après les événements, pour des besoins apologétiques; si bien que leurs aveux tardifs éveillent la défiance.

Aussi est-ce une bonne fortune que de mettre la main sur des documents strictement contemporains qui permettent de saisir sur le fait et au moment même l'action souterraine des antagonistes aux prises. C'est le genre d'intérêt que nous paraissent offrir ceux que nous voudrions présenter aujourd'hui aux lecteurs de la *Revue historique* en les remettant à leur place et dans leur lumière.

Tous les témoignages s'accordent à nous apprendre que les premiers dissentiments graves et persistants commencèrent à se manifester dans les comités après le fameux décret du 18 floréal, par lequel Robespierre avait fait reconnaître solennellement l'existence de Dieu et de l'immortalité de l'âme. Le Comité de Sûreté générale, composé d'une grande majorité de « déchristianisateurs » à outrance, affectait de considérer Robespierre comme un protecteur masqué du catholicisme. Vadier et Amar se firent surtout remarquer par la violence de leur opposition. Le premier était profondément anticlérical. Le second avait contre Robespierre des griefs d'autre sorte. Chargé du rapport sur l'affaire Chabot, il n'avait voulu y voir qu'une affaire d'agiotage et tout son effort avait porté sur la falsification du décret de liquidation de la Compagnie des Indes. Robespierre lui avait reproché sans ménagements de négliger le côté politique de l'affaire, « la conspiration de l'étranger », que Chabot et Basire avaient dénoncée. De là des rancunes qui durèrent. Le rapport contre les dantonistes avait été enlevé au Comité de Sûreté générale et confié à Saint-Just. Le Comité fut froissé de se voir relégué au second plan. Il fut plus froissé encore quand il se vit dessaisi du rapport sur la réorganisation du tribunal révolutionnaire. La célèbre loi du 22 prairial fut déposée au nom du Comité de Salut public par Couthon, qui s'était aidé des conseils de Robespierre. Griefs d'amour-propre, griefs impardonnables.

La question religieuse offrait au Comité de Sûreté générale l'occasion d'une revanche. Au moment même où se célébrait au milieu d'une pompe grandiose la fête de l'Être suprême, Vadier mettait la dernière main à un grand rapport qu'il lut à la Convention sept jours plus tard, le 27 prairial. Il y dénonçait une nouvelle conspiration « fanatique », la conspiration de Catherine Théot, la *Mère de Dieu*, une pauvre vieille illuminée qui, dans son étroit logement de la rue Contrescarpe, annonçait aux malheureux comme elle la fin prochaine de leurs misères, la venue du Messie qui régénérerait toute la terre. L'affaire Catherine Théot n'avait pas seulement pour but de jeter le ridicule sur l'idée religieuse, d'empêcher l'apaisement que Robespierre avait cru réaliser par la fête de l'Être suprême, elle était un coup oblique dirigé contre la personne même du nouveau « pontife ». Vadier savait en effet que le chartreux dom Gerle, ancien constituant, fréquentait chez la Mère de Dieu et que dom Gerle avait obtenu de Robespierre une attestation de civisme. Dom Gerle avait été arrêté. L'enquête ferait apparaître ses relations avec Robespierre. Les policiers, qui avaient surveillé les réunions de Catherine Théot dès le mois de floréal, lui faisaient dire dans leurs rapports que Robespierre était le Messie dont elle prédisait la venue. Ils auraient même trouvé dans la paillasse de la pauvre vieille, qui ne savait pas écrire, une soi-disant lettre qu'elle aurait adressée à Robespierre, « son premier prophète », « son ministre chéri », pour le féliciter des honneurs qu'il rendait à l'Être suprême. Bien entendu, Vadier ne dit rien de tout cela dans son rapport du 27 prairial. Il gardait ces révélations en réserve. Il les sortira à la grande séance du 9 thermidor : « Il y avait sous les matelas de la Mère de Dieu », dira-t-il alors, « une lettre adressée à Robespierre. Cette lettre lui annonçait que sa mission était prédite dans Ézéchiel, que c'était à lui qu'on devait le rétablissement de la religion qu'il débarrassait des prêtres[1]. » La lettre de Catherine n'existe plus aux archives et peut-être n'a-t-elle jamais existé que dans l'imagination de Vadier ou de ses policiers. Mais il faut retenir l'intention d'atteindre Robespierre derrière l'illuminée[2].

Par une autre voie encore, Vadier espérait compromettre Robespierre dans la « conspiration fanatique ». Il y avait à Choisy-le-Roi un beau-frère de Duplay, de ce menuisier du faubourg Saint-Honoré, chez qui logeait Robespierre. Or, ce beau-frère, un certain Vaugeois, maire de sa commune, recevait assez souvent à sa table Maximilien. Il avait une sœur, et cette sœur avait été en rapports avec Catherine Théot. Par là encore Robespierre était vulnérable.

Après le 9 thermidor, les vainqueurs ne manquèrent pas de faire établir les relations de Robespierre avec les Vaugeois, d'une part, et des Vaugeois avec Catherine Théot, d'autre part. C'est ce que nous révèle ce curieux rapport de police :

Le 12e jour thermidor, l'an II de la République françoise une et indivisible.

Soussigné Jean-Baptiste Blache, agent principal du Comité de Sûreté générale de la Convention nationale, ayant avec moi les citoyens Louis-Daniel Bertrand et Léonard Rousselet, membres du comité révolutionnaire de la commune de Choisi-sur-Seine,

Vu ce qu'il résulte de la dénonciation à nous faite, dit agent, le matin de ce jour, par les dits membres du comité révolutionnaire et les officiers municipaux du dit Choisi, nous sommes transportés chez la nommée Marie-Louise Vaugeois, veuve de Guillaume-Jean Duchange, cy-devant nourrice du duc d'Aquitaine, demeurant à Choisi-sur-Seine, boullevart des Sans-Culottes, où étant, au nom de la loi et en vertu des pouvoirs qui m'ont été donnés par le Comité de Sûreté générale, je lui ai juré l'arrest de sa personne, et, de fait, l'ayant fait conduire en l'auberge du nommé Guenin, après avoir laissé deux membres du dit comité révolutionnaire du dit Choisi pour faire recherche de papiers qui pourroient se trouver chez elle et d'autres objets suspects, il a été procédé à ses interrogatoires comme suit :

A elle demandé si elle est sœur du nommé Vaugeois, ex-maire de Choisi, actuellement en arrestation ?

Répond qu'ouy.

A elle demandé si elle a connoissance que le dit Vaugeois eut des fréquentations, correspondances et autres affinités particulières avec les nommés Robespierre aîné, Robespierre cadet, Le Bas, Saint-Just, Henriot, ses aides de camp, Dumas, ex-président du comité (*sic*)

---

1. Buchez et Roux, *Histoire parlementaire de la Révolution*, t. XXXIV, p. 31.

2. Pour les détails de l'affaire Catherine Théot, voir A. Mathiez, *Contributions à l'histoire religieuse de la Révolution*, p. 97-142.

révolutionnaire, et précédemment avec Lacroix et Danton[1], si elle-même n'a pas eûe des fréquentations avec les susdénommés?

Répond n'avoir aucunes connoissances de la susditte demande.

A elle demandé si une femme dénommée la *Mère de Dieu* n'a pas demeurée chez elle à différentes fois et à quelle époque?

Répond qu'elle est venue chez elle deux ou trois fois sans se rappeler les époques.

A elle demandé si elle ne s'est pas fait tirer les cartes et dire son oroscope par la prétendue Mère de Dieu, ainsi que son frère Vaugeois et sa famille?

Répond que non.

A elle représenté qu'elle nous déguise la vérité et que les faits cy-dessus se trouvent prouvés contre elle.

A dit que ces réponses contiennent vérité.

Demandé à l'interrogée par quel canal elle avoit connu la prétendue Mère de Dieu et si elle avoit connu le nommé dom Gerle, ex-chartreux et ex-député à l'Assemblée législative (sic)?

Répond que ce fut la nommée Godefroy, demeurante à Paris, rue des Rosiers, dans le Marais, agremaniste (sic) de profession[2], qui lui amena la première fois la Mère de Dieu, que la compagnie étoit la femme Gondouin, demeurant à Paris, rue de Verderet, près la halle aux poissons, et dont le mary étoit ci-devant jardinier; que quant à dom Gerle, elle l'a connu chez son frère Vaugeois[3].

. . . .

Cette pièce suffirait à nous révéler, s'il en était besoin, les dessous de l'affaire Catherine Théot. Déjà, à la fête du 20 prairial, Robespierre avait été l'objet de railleries et de menaces de la part de plusieurs de ses collègues, de Bourdon de l'Oise entre autres. En écoutant le rapport de Vadier du 27 prairial, il sentit qu'une intrigue couvait dans l'ombre : « La première tentative que firent les malveillants », dira-t-il le 8 thermidor, « fut de chercher à avilir les grands principes que vous aviez proclamés et à effacer le souvenir touchant de la fête nationale [du 20 prairial]. Tel fut le but du caractère et de la solennité qu'on donna à ce qu'on appelait l'affaire de Catherine Théot. La malveillance a bien su tirer parti de la conspiration politique cachée sous le nom de quelques dévotes imbéciles. » Robespierre s'est-il douté sur le moment que Vadier ne visait pas seulement sa politique, mais sa personne? Peut-être, car il s'opposa

1. Sur ces faits, voir les dernières pages de mon article sur l'*Histoire secrète du Comité de Salut public*, dans la *Revue des questions historiques*, janvier 1914.

2. La femme Godefroy était une assidue des réunions de Catherine Théot. Elle y remplissait le rôle d'*éclaireuse*, c'est-à-dire qu'elle lisait à haute voix l'Apocalypse et l'Évangile et qu'elle *éclairait* les fidèles sur leur véritable sens.

3. Archives nationales, W 79 (papiers du parquet du tribunal révolutionnaire).

do toutes ses forces à la mise en jugement de la Mère de Dieu. Le 8 messidor, après une discussion très vive, le Comité do Salut public décida que Catherine Théot ne serait pas traduite au tribunal révolutionnaire. Cette décision, qui était en contradiction manifeste avec le décret de la Convention rendu le 27 prairial, fut la dernière victoire que Robespierre remporta au Comité. Elle ne manqua pas de fournir à ses ennemis un prétexte de plus pour l'accuser de dictature.

II.

Dès le début de messidor, la guerre ouverte était au Comité de Salut public. Billaud, Collot d'Herbois et Carnot avaient pris l'offensive contre Robespierre, soutenu par Couthon et bientôt par Saint-Just, qui revint de mission dans la nuit du 10 au 11 messidor, au lendemain de Fleurus (8 messidor). Prieur de la Côte-d'Or se rangea aussitôt aux côtés de Carnot, son compatriote[1]. Barère et Robert Lindet évoluèrent entre les deux groupes, cherchant parfois à les réconcilier. Prieur de la Marne était en mission à Brest, Jeanbon Saint-André à Toulon. Leur absence affaiblit le parti robespierriste et fut peut-être la cause indirecte de sa chute.

Billaud, qui ne pardonnait pas à Robespierre ses hésitations à abandonner Danton, s'offusqua de la loi du 22 prairial et reprocha à Robespierre et à Couthon de l'avoir fait voter sans la soumettre au préalable à l'examen du Comité de Salut public[2]. Il nous dit lui-même qu'avant d'engager l'action il avait eu une conférence avec le Comité de Sûreté générale : « Après la loi du 22 prairial, le Comité de Sûreté générale me fit appeler dans son sein pour concerter ensemble les moyens d'arrêter le tyran dans sa course dictatoriale[3]. » C'était le moment où Vadier préparait le rapport sur Catherine Théot.

Collot d'Herbois, qui avait longtemps protégé les Hébertistes et qui se sentait solidaire de Fouché, avec lequel il avait « improvisé la foudre » sur les contre-révolutionnaires lyonnais dans la plaine des Brotteaux, dut se croire en danger quand il vit Robespierre attaquer avec acharnement Fouché, son complice[4]. Billaud n'eut pas de peine à l'entraîner.

1. « Prieur de la Côte-d'Or était le seul avec lequel Carnot fût pleinement d'accord » (*Mémoires sur Carnot par son fils.* Charavay, 1893, p. 523). Carnot était originaire de la Côte-d'Or, comme Prieur.

2. *Réponse de Barère, Billaud, etc., à Lecointre,* dans la *Révolution française,* t. XXXIV, p. 163.

3. *Mémoire inédit de Billaud-Varenne sur les événements du 9 thermidor.* Paris, 1910, Alexandre Môre, p. 39.

4. Voir la séance des Jacobins du 23 prairial. Robespierre avait reproché à

Quant à Carnot, il ne pardonnait pas à Robespierre d'avoir pris le parti de Saint-Just contre lui dans deux incidents récents. Saint-Just avait, au début de floréal, protesté contre l'arrestation d'un agent des poudres et salpêtres que Carnot avait fait incarcérer au Luxembourg[1]. Carnot s'était emporté. Il y avait eu des menaces échangées. Saint-Just aurait déclaré à Carnot qu'il connaissait ses liaisons avec les aristocrates et qu'il le ferait guillotiner. Carnot l'en aurait défié et, s'adressant à Saint-Just et à Robespierre, il leur aurait crié : « Vous êtes des dictateurs ridicules. » Le Comité donna raison à Carnot. L'autre incident, plus grave, se produisit à l'occasion de la seconde mission de Saint-Just à l'armée du Nord. Le 30 prairial, après la prise d'Ypres, Carnot, sans consulter Saint-Just, qui était devant Charleroi, avait donné l'ordre à l'armée du Nord de réclamer à l'armée de la Moselle un renfort de 15,000 hommes d'infanterie et de 1,500 de cavalerie. Quelques jours après la victoire de Fleurus, qui eut lieu le 8 messidor, Pichegru écrivit à Jourdan pour lui demander ce renfort en lui communiquant la lettre de Carnot. Jourdan, soutenu par le représentant Gillet, déclara qu'il avait besoin de ces troupes. Gillet protesta auprès du Comité de Salut public par deux lettres datées du 14 et du 15 messidor. Il s'adressa, en outre, à Saint-Just personnellement, en lui demandant de faire révoquer l'ordre malencontreux donné par Carnot. L'ordre fut révoqué, mais il y eut au Comité des explications véhémentes. Saint-Just qualifia d'*inepte* la mesure prescrite par Carnot[2].

Cette scène ne fut pas la seule. Elle fut précédée d'une autre qui eut lieu immédiatement après le retour de Saint-Just, sans doute le 11 messidor. Levasseur de la Sarthe la racontera à la Convention dans la grande séance du 13 fructidor, où furent discutées les accusations de Lecointre contre les anciens membres des comités de gouvernement, mais Levasseur la datera d'un jour trop tôt : « Le 10 messidor », dit-il, « je fus au Comité de Salut public. J'y fus témoin que ceux qu'on accuse aujourd'hui [c'est-à-dire Billaud, Collot, etc., les sept membres dénoncés par Lecointre] traitèrent Robespierre de dictateur. Robespierre se mit dans une fureur incroyable. Les autres membres du Comité le regardèrent avec

Fouché de n'avoir pas dénoncé les menées de Chaumette à Nevers et il avait laissé entendre qu'il intriguait contre le Comité de Salut public : « Tel vomit aujourd'hui des imprécations contre Danton, qui naguère encore était son complice. Il en est d'autres qui paraissent tous de feu pour défendre le Comité de Salut public et qui aiguisent contre lui le poignard » (*Moniteur*).

1. *Mémoires sur Carnot par son fils*, t. I, p. 531 et suiv., et *Réponse de Barère, Billaud, etc.*, p. 77, note.

2. Voir le discours de Saint-Just au 9 thermidor.

mépris. Saint-Just sortit avec lui[1]. » Quelle fut la cause de la que-
relle? Est-ce à propos de l'ajournement du procès de la Mère de
Dieu, est-ce à propos de la loi du 22 prairial que Robespierre fut
traité de dictateur? D'après Barère, les deux Comités réunis « auraient
appelé dans leur sein Robespierre et Saint-Just pour les forcer à
faire révoquer eux-mêmes cette loi [du 22 prairial], résultat d'une
combinaison inconnue à tous les autres membres du gouvernement.
Cette séance fut très orageuse. Vadier et Moïse Bayle furent ceux
qui, parmi les membres du *Comité de Sûreté générale*, attaquèrent
la loi et ses auteurs avec le plus de force et d'indignation. Quant au
Comité de Salut public, il déclara qu'il n'y avait eu aucune part et
qu'il la désavouait pleinement. Tous étaient d'accord de la faire
révoquer dès le lendemain; et c'est après cette décision que Robespierre et Saint-Just déclarèrent qu'ils en référeraient à l'opinion
publique, qu'ils voyaient bien qu'il y avait un parti formé pour
assurer l'impunité aux ennemis du peuple et pour perdre ainsi les
plus ardents amis de la liberté, mais qu'ils sauraient bien prémunir
les bons citoyens contre les manœuvres combinées par les deux
comités de gouvernement. Ils se retirèrent en proférant des menaces
contre les membres du Comité. Carnot, entre autres, fut traité par
Saint-Just d'aristocrate et menacé d'être dénoncé à l'Assemblée. Ce
fut comme une déclaration de guerre entre les deux Comités et le
triumvirat[2]. »

Il semble bien que la scène dont parle Barère est la même que
celle à laquelle fit allusion Levasseur à la séance du 13 fructidor.
C'est immédiatement après que Robespierre cessa de prendre part
aux délibérations du Comité de Salut public. Il est impossible de ne
pas voir dans son discours du 13 messidor aux Jacobins un écho très
direct des accusations dont il venait d'être l'objet au sein des comités de gouvernement. Il se plaignit qu'on cherchât à ressusciter la
faction des indulgents, « à soustraire l'aristocratie à la justice nationale », autrement dit qu'on voulût rapporter la loi de prairial. Il fit
allusion aux persécutions dont on l'abreuvait : « Déjà sans doute on
s'est aperçu que tel patriote qui veut venger la liberté et l'affermir
est sans cesse arrêté dans ses opérations par la calomnie qui le présente aux yeux du peuple comme un homme redoutable et dangereux. » Il précise qu'on se croyait assez fort pour « calomnier le tribunal révolutionnaire et le décret de la Convention concernant son
organisation. On va même jusqu'à révoquer en doute sa légitimité...
On a osé répandre dans la Convention que le tribunal révolution-

1. *Moniteur.* Puisque Saint-Just sortit avec Robespierre, la scène n'a pu se
passer le 10 messidor.
2. *Mémoires de Barère*, t. II, p. 205.

naire n'avait été organisé que pour égorger la Convention elle-même. Malheureusement, cette idée a obtenu trop de consistance. » Puis Robespierre faisait un retour sur lui-même : « A Londres, on me dénonce à l'armée française comme un dictateur ; les mêmes calomnies ont été répétées à Paris. *Vous frémiriez si je vous disais dans quel lieu.* A Londres, on fait des caricatures, on me dépeint comme l'assassin des honnêtes gens, des libelles imprimés dans les presses fournies par la nation elle-même me dépeignent sous les mêmes traits. A Paris, on dit que c'est moi qui ai organisé le tribunal révolutionnaire, que ce tribunal a été organisé pour égorger les patriotes et les membres de la Convention, je suis dépeint comme un tyran et un oppresseur de la représentation nationale... Ceux qui défendent courageusement la patrie sont exposés comme ils l'étaient du temps de Brissot, mais je préférerais encore au moment actuel celui où je fus dénoncé par Louvet sous le rapport de ma satisfaction personnelle ; les ennemis des patriotes étaient alors moins perfides et moins atroces qu'aujourd'hui. » En terminant, Robespierre envisageait l'obligation où il pourrait être placé de donner sa démission du Comité de Salut public : « Si l'on me forçait de renoncer à une partie des fonctions dont je suis chargé, il me resterait encore ma qualité de représentant du peuple et je ferais une guerre à mort aux tyrans et aux conspirateurs[1]. » Quand on rapproche ce discours des mémoires de Barère, il est impossible de ne pas supposer qu'il fut l'écho direct de la scène qu'ils relatent et qui se passa devant les deux comités de gouvernement. Cette scène ne faisait qu'en suivre d'autres. Billaud dira, le 13 fructidor, que le 23 prairial il y avait eu au Comité de Salut public « une scène si orageuse que Robespierre en pleura de rage, que depuis ce temps il ne vint plus que deux fois au Comité de Salut public et qu'afin que le peuple ne fût pas témoin des orages qui nous agitaient, il fut convenu que le Comité de Salut public tiendrait ses séances un étage plus haut. »

Pour mieux frapper Robespierre, les conjurés voulurent-ils l'isoler de son fidèle Couthon ? C'est probable, car le 15 messidor un arrêté du Comité de Salut public délégua Couthon en mission à l'armée du Midi. Couthon ne partit pas. Un nouvel arrêté complémentaire du précédent le chargea, le 19 messidor, d'une mission à La Rochelle et à Bordeaux. Couthon ne partit pas davantage.

Dès cette date, dès le milieu de messidor, les dissentiments qui régnaient dans les Comités s'étaient ébruités au dehors. Un fidèle de Robespierre, le Jacobin Deschamps, « aide de camp de la force

---

1. D'après le *Journal de la Montagne*. Il n'y a aucune raison de reporter la date de ce discours, comme l'a fait M. Aulard, au 9 messidor.

armée de Paris », chargé d'une mission à Boulogne-sur-Mer[1], confiait à l'agent national de cette ville ses craintes et ses espérances. L'agent national Quignon relata quelques jours plus tard les confidences qui lui furent faites dans une lettre qu'il fit parvenir à Barère par le fils de celui-ci, Hector, alors en mission dans le Nord. Voici cette lettre, qui a au moins l'intérêt de nous apprendre ce qu'on pensait de la crise dans les milieux les plus dévoués à Robespierre :

L'agent national du district de Boulogne
au Comité de Salut public.

Citoyens représentans,

Je dois vous rendre compte de tout ce qui tient à la sûreté publique. Une phrase, un mot jetté dans la Convention qui auroit trait à l'intérêt général doit être recueilli avec soin. J'attendois une occasion favorable pour vous faire part d'une conversation que j'ai eue avec deux individus. Je vais entrer dans tous les détails, parce que vous devez être mis à même de juger de l'effet que peut produire la conduite quelquefois irréfléchie, pour ne pas dire plus, de certains commissaires qui se répandent dans les départemens munis de pouvoirs soit ostensibles, soit secrets. Je viens au fait.

Le quinze de ce mois messidor, deux commissaires se présentent dans mon bureau vers les dix heures du matin. Ils exhibent chacun une commission qui les charge de faire emplette dans ce district de dix ou douze mille paires de chaussettes de fil pour les élèves de l'École de Mars. Ils se nomment l'un Pillon, l'autre Deschamps. Je porte leur commission à l'enregistrement, à l'administration, et je sors avec eux pour prendre des renseignements dans la commune sur l'objet de leur mission. Nous trouvons un citoyen qui se charge de les mettre à portée de tirer parti des ressources locales. Je les quite en les invitant à ne pas m'épargner lorsqu'ils auroient besoin de mon ministère. J'oubliois de dire qu'en allant et venant, la conversation avoit roulé sur la conduite que tiennent les ennemis de la chose publique en répandant des nouvelles des armées (alors l'armée du Nord venoit de remporter plusieurs victoires), à chaque instant Deschamps me demandoit si des malveillans ne s'attachoient point à exagérer les succès de nos armes ou à diminuer l'effet des bonnes nouvelles annoncées par la Convention nationale. Nous parlâmes aussi du fanatisme qui régnait dans le district de Bergues, où l'on célèbre encore les anciens dimanches par des processions et des messes solennelles. (Ceci m'avoit été rapporté par le citoyen Robingam, commissaire des

1. Un arrêté du Comité de Salut public en date du 1ᵉʳ messidor l'avait chargé précédemment de se rendre à Rouen « pour y arrêter Charles Fourquet, sa sœur... et les transférer à Paris sous bonne garde ». L'arrêté est signé Robespierre, Coulhon et Barère.

approvisionnemens à l'armée de Sambre-et-Meuse, employé par le citoyen Laurent, représentant du peuple.) Tout ce que me répondit Deschamps étoit parfaitement dans le sens de la Révolution et ne tendoit qu'au bien public. Nous nous quittâmes après avoir touché quelques mots sur la résidence qu'avoient prise à Boulogne une foule d'étrangers des départements de la Gironde, de la Corrèze, de la Dordogne et du Calvados. Deschamps me dit que les patriotes alors avoient dû bien souffrir de ne pouvoir les faire chasser sur-le-champ. Ceci étoit exact. La Convention l'a su dans le tems, et c'est ce qui n'a pas peu contribué à donner à cette commune une mauvaise réputation que la masse du peuple ne méritoit pas.

Le soir, vers les neuf heures, j'étois chez un ami, on m'appelle pour donner aux deux citoyens dont s'agit les commissions qu'ils avoient laissées à l'enregistrement. Je monte au district et de suite je vais les trouver à l'auberge et je leur remets les commissions. Ils se mettent à table; la conversation s'ouvre sur la faction des Hébert, des Danton, des Ronsin. Deschamps s'ouvre à moi tout à coup avec la plus grande confiance; il m'assure que les Hébert, etc., étoient guillotinés, mais que ce parti cherchoit encore à se relever, que le Comité de Salut public et de Sûreté générale sauroit bien les confondre, que le moment n'étoit pas encore venu de frapper, que les patriotes de la bonne trempe gémissoient de voir des gueux singer le patriotisme pour l'étouffer lorsqu'ils en trouveroient l'occasion favorable, sans faire attention au bien de la République, mais pour satisfaire des haines particulières. Jusque-là, vous ne trouverez sans doute que le langage d'un homme qui aime sa patrie; vous allez voir le dénouement. On parla des Jacobins. Je lui dis que cette société marche toujours droit, que c'est là où Couthon, Robespierre, Collot d'Herbois vont parler avec la plus grande confiance contre ceux qui voudroient attaquer la conduite des membres des Comités de Salut public et de Sûreté générale, soit en flagornant, en idolâtrant ou bien en les calomniant pour arrêter les effets salutaires du gouvernement révolutionnaire. Ho ! me dit Deschamps, ne crois pas que dans la société des Jacobins il y ait tous patriotes de la bonne trempe, il y en a plus d'un encore qui ne sont que des êtres nuls, des liseurs de gazettes, des hommes peu capables de résister dans un moment critique au choc des factions. J'observai que depuis quelque tems les papiers publics fesoient mention de l'adoption de plusieurs membres à la société, mais qu'il ne paroissoit pas qu'on eût discuté longtems. Deschamps me dit que cela étoit fait exprès et qu'il savoit pourquoi. Je répliquai qu'étant éloigné des événemens nous ne pouvions pas voir toujours aussi juste qu'à Paris, qu'au reste nous étions assurés que les Jacobins soutiendroient la Convention comme le point de ralliement, ainsi que les Comités de Salut public et de Sûreté générale. Remarquez que Pillon, collègue de Deschamps, ne disoit rien que des oui, des non. Tout à coup, j'entends ce dernier faire un éloge pompeux de Robespierre, que ce représentant étoit malheureux, que le Comité même avoit un ennemi dans son sein. Je tombai comme des nues. Je ne pus m'empêcher de lui dire que ce propos me paroissoit indiscret, qu'il devoit prendre bien garde de s'exprimer ainsi, que ce propos pourroit compromettre la chose publique s'il étoit donné à quelque individu dont le patriotisme ne lui seroit pas bien connu. Deschamps me répondit qu'il me connoissoit, qu'il ne lui falloit pas beaucoup de temps pour connoître son homme, qu'il voyoit bien qu'on pouvoit se fier à moi. Je l'invitai alors à me nommer ce membre du Comité. Hé bien ! dit-il, c'est Carnot. Oui, Carnot. C'est un foutu gueux qui reste la nuit au Comité pour être à portée d'ouvrir tous les paquets, qui a failli faire manquer l'affaire de Charleroi. Ho ! il y en a bien d'autres, dit-il... Le Gendre est cerné, Talien est un gueux, Bourdon de l'Oise ne vaut pas mieux.

Vous jugez ici, citoyens représentans, quelle a dû être ma position. Un individu que je ne connois pas, qui ne me connoît sans doute pas non plus, s'annonce comme initié dans les secrets du gouvernement et s'en vient les révéler dans la conversation ! Je laisse à votre sagesse à prononcer. Ces propos me chagrinent singulièrement depuis que je les ai entendus. Je ne pouvois sortir brusquement de la chambre sans me priver des moyens de tirer parti de cette conversation. Le reste de l'entretien roula sur le compte de ces individus qui cherchent des plans dans la République pour leurs propres intérêts, pour faire de fines parties de débauches. Deschamps vouoit ces êtres immoraux au mépris en m'assurant que le gouvernement sauroit bien les pincer un jour et en faire justice. Ici se termine la conversation. Je pris congé des deux commissaires et je retournai chez mon ami pour prendre un morceau. Je consultai sur-le-champ trois autres de mes intimes qui se trouvoient réunis dans cette maison. Leur surprise fut extrême. Après bien des pourparlers, il fut décidé que je ferois part de tout ceci au Comité de Salut public et de Sûreté générale. Je ne l'ai pas fait sur-le-champ parce que je voulois une occasion favorable. Je savois que Hector Barère devoit passer dans nos murs. Il est maintenant à Boulogne. Je dépose entre ses mains le narré fidèle de la conversation. Je compte qu'il en fera l'usage que dicte la sagesse et la prudence d'un républicain. Je déclare sur mon honneur, sur ma parole de citoyen français que je dis la vérité tout entière.

Boulogne, le 25 messidor, 2e année républicaine.

QUIGNON l'aîné.

J'oubliois de dire que Deschamps, dans le cours de la conversation, m'a fait entrevoir qu'il étoit aussi chargé d'une commission secrète de la part du Comité de Salut public, qu'il cherchoit après quelques individus, qu'il comptoit les trouver à Rouen. Il me donna le nom de Fourquier (?), c'est à ce que je pense pour le remettre au comité de surveillance de cette commune de Boulogne[1]. Tiens, dit-il, voilà bien nos pouvoirs, en me montrant une feuille de papier, ils sont, ma foi,

---

1. Il s'agit de Fourquet que Deschamps était chargé d'arrêter.

bien signés de Robespierre, de Couthon, etc. C'est ce que je ne vis pas bien clairement, car je n'eus pas le tems de voir de près.

QUIGNON l'aîné[1].

Il est significatif que, dès le début du mois de messidor[2], Deschamps savait que Carnot était au Comité de Salut public l'adversaire principal de Robespierre, qu'il connaissait l'accusation que Saint-Just avait portée contre Carnot « d'avoir failli faire manquer l'affaire de Charleroi », qu'il désigne parmi les députés immoraux qu'il faut punir Tallien, Legendre et Bourdon de l'Oise.

Il y avait dans la lettre de Quignon que lui remit son fils un passage qui dut intéresser vivement Barère, celui dans lequel Deschamps se plaignait des malveillants qui exagéraient les succès de nos armes. Barère, qui dans ses carmagnoles s'attachait à faire mousser les victoires, dut faire son profit de l'indication.

C'est presque immédiatement après la réception de cette lettre, qui dut parvenir à Paris à la fin de messidor[3], que Barère commença à sortir de sa réserve prudente et à se ranger de plus en plus du côté des ennemis de Robespierre.

Le 21 messidor, aux Jacobins, Robespierre s'était efforcé de rassurer les députés sur les bruits qui le représentaient comme préméditant parmi eux de nouvelles saignées : « On cherche à persuader à chaque membre que le Comité de Salut public l'a proscrit. Ce complot existe... On veut forcer la Convention à trembler, on veut la prévenir contre le tribunal révolutionnaire et rétablir le système des Danton, des Camille Desmoulins. On a semé partout les germes

1. Archives nationales, W 79. On lit cette suscription d'une autre main : « Pièce sur laquelle il est important de réfléchir et qui coïncide avec la brochure intitulée : *les Causes se...... du 9 thermidor,* par Vilate. » Vilate, dans cette brochure, fait de Barère la cheville ouvrière du complot contre Robespierre. On lit encore sur la pièce : « Deschamps a été guillotiné. C'est Barère qui a remis cette pièce au tribunal. C'est ainsi qu'il faisait punir les indiscrets. » Deschamps fut guillotiné le 5 fructidor an II.

2. Pour être à Boulogne le 15 messidor, Deschamps a dû quitter Paris le 13 ou le 14 au matin au plus tard. Peut-être a-t-il assisté à la séance des Jacobins du 13 messidor où Robespierre dénonça les nouveaux indulgents.

3. J'ignore à quelle date Hector Barère revint à Paris porteur de la lettre de Quignon qui est du 25 messidor. Le 6 thermidor, une députation de la société populaire de Boulogne-sur-Mer parut aux Jacobins et se plaignit des malintentionnés qui représentaient Boulogne comme un second Coblentz. Comme des doutes s'élevaient sur le patriotisme de Boulogne, Deschamps, « nouvellement arrivé de ce pays », fit part que « les aristocrates y étaient tous renfermés et que les autorités constituées n'étaient plus composées que de sans-culottes ». Quand Deschamps garantissait ainsi le civisme des autorités de Boulogne, il ignorait sans doute qu'elles le dénonçaient au Comité de Salut public.

de divisions... J'invite tous les membres à se mettre en garde contre les insinuations perfides de certains personnages qui, craignant pour eux-mêmes, veulent faire partager leurs craintes[1]... » Barère répondit indirectement à ce discours en disant à la tribune de la Convention, le 2 thermidor : « Il faut que les citoyens qui sont revêtus d'une autorité terrible, mais nécessaire, n'aillent pas influencer par des discours préparés les sections du peuple. Il faut que le peuple les surveille dans leurs fonctions et dans leur domicile[2]. » Autrement dit, Barère reprochait à Robespierre, sans le nommer bien entendu, d'exciter les jacobins et les gens de la maison Duplay contre le gouvernement. C'était la première fois qu'il se risquait timidement à entrer dans la bataille. Il avait dans sa poche la lettre de Boulogne.

Chose curieuse, le lendemain, 3 thermidor, Robespierre jeune, sans doute informé par Deschamps, se plaignit aux Jacobins « qu'on eût l'impudeur de dire dans le département du Pas-de-Calais, qui méritait d'être plus tranquille, qu'il était en arrestation comme modéré ». — « Eh bien! oui, je suis modéré si l'on entend par ce mot un citoyen qui ne se contente pas de la proclamation des principes de la morale et de la justice, mais qui veut leur application[3]. »

Quelques mois plus tard, Billaud-Varenne, dans un mémoire justificatif de sa conduite, accusera Robespierre d'avoir envoyé à l'armée du Nord un « Deschamps pour y semer la défiance contre le Comité de Salut public en représentant celui de ses collègues chargé des opérations militaires comme un conspirateur[4]. »

Si Carnot avait encore eu des scrupules à la fin de messidor à se joindre aux conjurés, la lettre de Quignon n'était-elle pas de nature à les faire cesser?

A la date même où Deschamps faisait connaître à Quignon les manœuvres de Carnot contre Robespierre, le bruit circulait dans la campagne lyonnnaise que Robespierre avait rompu avec Collot d'Herbois. « Je t'assure », écrivait à Robespierre un anonyme, d'une chaumière au midi de Ville-Affranchie le 20 messidor, « que je me suis senti renaître lorsque l'ami sûr et éclairé qui revenait de Paris, et qui avait été à portée de vous étudier dans vos bureaux, m'a assuré que, bien loin d'être l'ami intime de Collot d'Herbois, tu ne le voyais pas avec plaisir au Comité de Salut public, mais que, comme il avait un parti à Paris, il serait peut-être dangereux pour le Comité de l'exclure de son sein[5]. »

1. Buchez et Roux, t. XXXIII, p. 336.
2. Ibid., p. 377.
3. Ibid., p. 379-380.
4. *Mémoire cité*, p. 43.
5. L'anonyme qui a écrit cette lettre se présente comme une « des malheu-

Les bruits des dissentiments qui avaient éclaté au sein des comités avaient même déjà franchi les frontières. Le représentant Gillet écrivait de Nivelles (Brabant), le 23 messidor, au Comité de Salut public, en lui adressant trois numéros du journal *le Mercure universel*, imprimé à Bruxelles : « Vous lirez sans doute comme moi, avec surprise, dans le n° 361, que Bourdon de l'Oise et Tallien soient regardés par nos féroces ennemis comme les champions de la faction qui doit, suivant eux, renverser le Comité de Salut public ». Il faut avouer que « les féroces ennemis » étaient bien informés.

III.

Après thermidor, les vainqueurs s'efforcèrent de justifier leur conduite aux yeux de la France républicaine en cherchant à donner quelque couleur de réalité à la fable qu'ils avaient lancée de la « conspiration de Robespierre ». Ils interrogèrent le neveu et le fils du menuisier Duplay, Simon Duplay, qui avait perdu un membre à Valmy et qu'on appelait depuis Duplay à la jambe de bois[1], et Jacques Duplay, tous deux en prison, comme toute leur famille. Voici ces interrogatoires, qui sont intéressants parce qu'ils nous révèlent l'état d'âme des thermidoriens[2] :

CONVENTION NATIONALE.

Comité de Sûreté générale.

Du 2 nivôse, l'an IIIe de la République françoise
une et indivisible,

Le Comité de Sûreté générale arrête que, pour l'exécution de son arrêté en datte du 18 frimaire, Duplay, ex-juré au tribunal révolutionnaire, et Duplay, connu par sa jambe de bois, seront momentanément extradés de la maison d'arrêt du Plessis et amenés demain à onze heures du matin au Comité, section de police, pour y être interrogés par Harmand, un de ses membres, et seront de suite réintégrés dans la susditte maison.

reuses victimes de l'affaire de Lyon ..., ruiné, malheureux et caché dans une pauvre petite campagne pour avoir accepté une place dans un comité de surveillance avant la journée du 29 mai [1793] ». Il dénonce à Robespierre les crimes de Collot à Lyon. Voir sa lettre dans Buchez et Roux, t. XXX, p. 417-420.

1. Simon Duplay a fait l'objet d'une récente étude de M. L. Grasilier. Voir le compte-rendu qui lui a été consacré dans les *Annales révolutionnaires*, t. VI, 1913, p. 418 et suiv.

2. Archives nationales, W 79.

Chargé de l'exécution du présent arrêté le commandant de la gendarmerie de service près le Comité.

Les représentants du peuple composant le Comité de Sûreté générale. *Signé :* HARMAND, MATHIEU, BENTABOLE, BOUDIN, MÉAULLE, LEGENDRE.

Comité de Sûreté générale.

Section de la police de Paris.

Du 12 nivôse, l'an III de la République françoise une et indivisible.

Est comparu le citoyen Simon Duplay, demeurant à Paris, rue Honnoré, section des Piques, nº 366, chez son oncle Maurice Duplay.

Lequel a répondu aux interrogatoires qui lui ont été faits ainsi qu'il suit :

D. — N'est-ce pas chez ton oncle que logeaient les frères Robespierre?

R. — Oui, mais Robespierre le jeune en est sorti après son retour de l'armée d'Italie pour aller loger rue Florentin.

D. — N'as-tu pas connoissance que le 8 thermidor, ou quelques jours auparavant, plusieurs membres du Comité de Salut public dinèrent chez Robespierre l'aîné?

R. — Non, excepté Barère, qui y dina dix, douze ou quinze jours auparavant, sans pouvoir préciser le jour[1].

D. — N'as-tu pas connoissance que Saint-Just et Lebas y dinèrent à la même époque?

R. — Non.

D. — Dans le diner où s'est trouvé Barère, ne l'as-tu pas entendu proposer à Robespierre de se raccommoder avec les membres de la Convention et des Comités qui paroissoient lui être opposé?

R. — Non, je crois même que le diner dont il s'agit précéda la division qui depuis a éclaté au Comité de Salut public entre quelqu'un des membres qui le composaient et Robespierre.

D. — Sçais-tu quelle étoit la cause de cette division entre les membres du Comité de Salut public et Robespierre?

R. — Non.

D. — Ne sçais-tu pas que Robespierre, indépendamment de la police générale de la République, dont il s'étoit chargé, vouloit encore diriger les armées et que c'est de là qu'est née la division dont il s'agit[2]?

R. — Non, je sais même que Robespierre n'entendoit rien à l'art militaire.

---

1. Détail intéressant qui montre que l'intimité de Robespierre avec Barère avait subsisté après les scènes violentes du début de messidor.

2. Cette question montre l'importance de la brouille de Robespierre avec Carnot.

D. — Ne l'as-tu pas entendu différentes fois le même Robespierre déclamer contre les victoires des armées de la République, les tourner en ridicule et dire dans d'autres moments que le sacrifice de six mille hommes n'étoit rien lorsqu'il s'agissoit d'un principe?

R. — Non, je l'ai vu, au contraire, différentes fois se réjouir de nos victoires et je ne lui ai jamais entendu tenir ce dernier propos.

D. — Ne sais-tu pas que Saint-Just et Lebas, pendant les différentes missions qu'ils ont remplies dans les départemens et près des armées, correspondoient directement avec Robespierre?

R. — Je l'ignore.

D. — Quelques jours avant le 9 thermidor, Robespierre n'a-t-il pas fait enlever de la police générale plusieurs cartons et les papiers qui y étoient renfermés; et n'as-tu pas connoissance que quelqu'un de la maison du citoyen Duplay, ton oncle, a été employé à cet enlèvement?

R. — Non. Je n'ai aucune connoissance de cet enlèvement.

D. — N'as-tu pas vu ou ne sçais-tu pas que des Anglois et autres étrangers venoient souvent chez Robespierre?

R. — Non. Je n'ai vu venir chez Robespierre d'autres étrangers que ceux qui, en vertu d'un décret de la Convention nationale, étoient obligés de sortir de Paris, et qui réclamoient des exceptions à des réquisitions, et qui, pour cet effet, laissoient leurs mémoires à la maison.

D. — N'as-tu pas vu différentes fois, quelques jours avant le 9 thermidor, Fleuriot, maire de Paris, d'autres officiers municipaux et administrateurs de police venir chez Robespierre et avoir avec lui des entretiens secrets et particuliers?

R. — Non.

D. — N'y as-tu jamais vu venir Henriot, ex-commandant de la garde nationale?

R. — Je l'ai vu venir quelquefois à la maison, mais près d'un mois ou environ avant cette époque.

Lecture faite...

S. DUPLAY.   HARMAND.

CONVENTION NATIONALE.

Comité de Sûreté générale.

Section de la police de Paris.

Du 12 nivôse, l'an III de la République françoise
une et indivisible.

Est comparu le citoyen Jacques Maurice Duplay, demeurant ordinairement chez son père, menuisier, rue Honnoré, section des Piques, nº 366, à Paris.

Lequel a répondu aux interrogatoires qui lui ont été faits ainsi qu'il suit :

D. — Citoyen, n'est-ce pas chez ton père que logeoient les frères Robespierre?

R. — Oui.

D. — N'as-tu pas connoissance que, quelques jours avant le 9 thermidor et peut-être même le 8, Barère, Collot, Billaud-Varenne et plusieurs autres membres des anciens Comités de Salut public et de Sûreté générale ont dîné chez Robespierre aîné [1]?

R. — Non, il y avoit près de trois mois qu'ils n'y étoient venus, autant que je puis m'en rappeller.

D. — N'est-il pas vrai qu'environ à la même époque Saint-Just et Lebas dinèrent chez ton père avec Robespierre aîné?

R. — Lebas y dinoit souvent comme ayant épousé une de mes sœurs. Saint-Just y dinoit rarement; mais il venoit fréquemment chez Robespierre et montoit dans son cabinet sans communiquer avec personne.

D. — Dans le diner dont je te parle, n'as-tu pas entendu Saint-Just proposer à Robespierre de se réconcilier avec quelques membres de la Convention et des Comités qui paroissoient lui être opposés?

R. — Non. Je sais seulement qu'ils paroissoient très divisés.

D. — As-tu quelques notions sur ces divisions?

R. — Je n'en ai rien sçu que par les discussions qui ont eu lieu à cet égard aux Jacobins et par l'altercation que l'on disoit avoir eu lieu au Comité de Salut public entre Robespierre aîné et Carnot.

D. — N'as-tu pas entendu dire à Robespierre que le gouvernement populaire, tel qu'il étoit organisé par la Convention, ne pouvoit pas se maintenir?

R. — Non. Je ne lui ai jamais rien entendu dire de semblable.

D. — Ne lui as-tu pas entendu dire qu'il falloit envoyer à l'échafaud une partie de la Convention nationale?

R. — Non. J'ai seulement entendu dire aux Jacobins par Couthon qu'il existoit dans le sein de la Convention six individus dont il seroit utile de la délivrer ou un propos à peu près semblable [2].

D. — Quelques jours avant le 9 thermidor, n'es-tu pas allé à la police générale pendant la nuit avec Robespierre ou Saint-Just, ou avec des ordres et des émissaires de leur part?

R. — Non, je ne sache pas que personne de la maison soit allé à la police générale, et Robespierre se couchoit d'assez bonne heure depuis son absence du Comité de Salut public.

D. — N'as-tu pas connoissance que, quelques jours avant la journée du 9 thermidor, Robespierre et Saint-Just ont fait enlever de la police générale des cartons qui renfermoient différents papiers?

R. — Je sais seulement qu'environ un mois avant cette journée,

---

1. Les enquêteurs sont des thermidoriens de droite qui voudraient compromettre les thermidoriens de gauche, les anciens membres des Comités déjà dénoncés par Lecointre.

2. « La vertu et l'énergie de la Convention nationale peuvent écraser à volonté les cinq ou six petites figures humaines dont les mains sont pleines des richesses de la République et dégoûtantes du sang des innocents qu'ils ont immolés » (discours de Couthon aux Jacobins, le 6 thermidor).

notamment le tems où Robespierre étoit chargé de la police générale de la République[1], un des chefs de bureau de ladite police lui apportoit tous les matins plusieurs papiers dans un portefeuille qu'il renvoyoit après en avoir pris lecture.

D. — Ne sais-tu pas que Saint-Just et Lebas correspondoient directement avec Robespierre pendant leurs missions aux armées?

R. — Je sais seulement que Saint-Just et Lebas, pendant leurs missions, écrivoient souvent au Comité de Salut public, mais je n'ai aucune connoissance qu'ils ayent écrit directement à Robespierre. J'ajoute qu'après la prise de Landrecy, étant commissaires à l'armée du Nord, ils firent un voyage secret à Paris pour conférer avec le Comité de Salut public sur les plans de campagne[2].

D. — N'as-tu pas connoissance que quelques Anglois venoient souvent chez Robespierre et y étoient admis secrètement?

R. — Non, je n'y ai vu qu'Arthur, dont le père étoit Anglois[3]. Je n'y en ai jamais vu d'autres.

Lecture faite...

J.-M. DUPLAY.   HARMAND.

Ces deux interrogatoires déçurent l'attente de l'ancien girondin Harmand (de la Meuse), qui les conduisit. La « conspiration de Robespierre » n'en continua pas moins de passer à ses yeux pour une chose constante et prouvée. N'y a-t-il pas encore aujourd'hui même des historiens pour y croire?

1. Robespierre fut chargé du bureau de la police pendant l'absence de Saint-Just à l'armée du Nord.

2. Saint-Just et Lebas avaient été envoyés à l'armée du Nord par arrêté du Comité de Salut public du 10 floréal. Ils apprirent à Guise, le 14 floréal, la nouvelle de la prise de Landrecies. Saint-Just est porté comme présent à la séance du Comité de Salut public du 20 floréal. Il était absent la veille et le lendemain. C'est donc le 20 floréal qu'il vint secrètement à Paris. Son dernier biographe n'en a rien su.

3. Arthur, président de la section des piques (place Vendôme) et ami de Robespierre, guillotiné le 12 thermidor.